📖 주제

· 봉사   · 나눔   · 배려   · 이해

📖 활용 학년 및 교과 연계

초등과정	3학년 도덕	1. 나와 너, 우리 함께
	4-2 사회	2. 필요한 것의 생산과 교환
		3. 지역의 공공기관과 주민 참여
	6-1 사회	3. 우리나라의 경제 발전
	6학년 도덕	2. 작은 손길이 모여 따뜻해지는 세상 우리가 만드는 도덕 수업 1. 내 힘으로 일어서서 우리 모두의 행복을 위해

아낌없이 주는
프룬 별의 비밀

초등 첫 인문철학왕 14
아낌없이 주는 프룬 별의 비밀

글쓴이 박혜원 | 그린이 안선형 | 해설 현남숙
기획편집 이정희 | 편집 김민애 박주원
디자인 문지현 | 생각 실험 디자인 이유리

펴낸이 이경민 | 펴낸곳 ㈜동아엠앤비
출판등록 2014년 3월 28일(제25100-2014-000025호)
주소 (03972) 서울특별시 마포구 월드컵북로22길 21, 2층
전화 (편집) 02-392-6901 (마케팅) 02-392-6900 | 팩스 02-392-6902
홈페이지 www.moongchibooks.com | Ch 뭉치북스 | Instagram 뭉치북스

※ 잘못된 책은 구입한 곳에서 바꿔 드립니다.
※ 이 책에 실린 사진은 셔터스톡, 위키피디아, 게티이미지뱅크(코리아)에서 제공받았습니다. 그 밖의 제공처는 별도 표기했습니다.

도서출판 뭉치는 ㈜동아엠앤비의 어린이 출판 브랜드로, 아이들의 지식을 단단하게 만들어 주고,
아이들의 창의력과 사고력을 키워 주어 우리 자녀들이 융합형 사고뭉치와 창의뭉치로
성장할 수 있도록 좋은 책을 만들겠습니다.

한국 철학교육학회 추천도서

글쓴이 **박혜원** 그린이 **안선형**
해설 한국 철학교육연구원 **현남숙**

아낌없이 주는 프른 별의 비밀

시 별 이주 반대

내가 부자가 아니어도 나눔을 실천할 수 있을까?

이주 찬성!!

환영합니다

동아엠앤비 뭉치 MoongChi Books

'질문'의 힘! '생각'의 힘!
'미래 인재'로 가는 힘!

어린이와 학부모님들께 《초등 첫 인문철학왕》을 추천할 수 있어서 매우 기쁩니다. 어린이들이 이 시리즈를 통해 '나'에 대해, 나와 공동체 사이의 소통에 대해, 세상의 이치와 진리에 대해 마음껏 질문하고 생각하기를 바라기 때문입니다. 그렇게 되면 창의적으로 문제를 해결하는 힘 또한 커질 수 있다고 믿기 때문이지요.

'제4차 산업혁명의 시대'라는 말처럼 우리는 모든 것이 혁신적으로 변화하는 시대에 살고 있습니다. 스마트폰, 인공 지능, 첨단 로봇 등 새로운 기술과 지식이 나오는 속도도 이전과 비교할 수 없을 정도로 빨라졌지요. 세상에 넘쳐나는 지식과 정보는 이제 누구나 쉽게 구할 수 있고, 개인의 두뇌에 담아낼 수 있는 용량을 넘어선 지 오래입니다. 결국 이 시대의 아이들에게 필요한 것은 지식보다는 그 지식을 다루는 지혜와 창의성 아닐까요?

7차 교육과정 개정 이후 학교 교육도 이러한 시대 흐름에 맞추어 미래 사회가 요구하는 인문학적 상상력과 과학기술 창조력을 두루 갖춘 창의융합형 인재를 양성하는 것을 목표로 합니다.

'철학'은 '지혜를 사랑하는'이란 뜻을 가진 말입니다. 이 학문은 여러분처럼 모든 것에 호기심 많았던 철학자들로부터 시작됩니다. 아주 오래전부터 인간, 사회, 자연, 우주, 진리 등 다양한 분야에서 다른 사람들보다 더 깊이, 더 많이, 그리고 아주 끈질기게 했던 수많은 질문과 탐구를 하며 만들어졌습니다.

마치 높은 곳에 올라가면 마을 전체를 내려다볼 수 있는 넓은 시야를 얻게 되듯이, 철학을 한다는 것은 하나의 문제를 더 큰 눈으로 볼 수 있게 되는 것이랍니다. 그러면 어떤 점이 좋을까요? 더 넓게 보는 눈, 더 깊이 있게 보는 눈, 다른 사람들이 생각하지 못한 부분들을 상상하고 찾아낼 수 있는 눈이 생깁니다. 또 우리 앞의 문제들을 자신만의 창의적인 방법으로 해결할 수도 있고, 그 문제를 해결하다가 다른 더 큰 문제를 발견하여 미리 처리할 수도 있습니다.

《초등 첫 인문철학왕》은 바로 그러한 생각의 눈을 아주 활짝 열어 줄 것입니다. 주제와 관련된 재미있는 동화, 이와 연결된 깊이 있는 인문 해설과 철학 특강, 창의·탐구 활동 등으로 구성된 시리즈는 아이들이 세상에 넘쳐 나는 지식을 지혜롭게 다루는 힘을 길러서, 문제해결력을 갖춘 창의적 인재로 성장할 수 있게 해 줄 것입니다.

그러니 이 책을 읽으며 여러 분야에서 떠오르는 호기심과 질문들을 혼자만 가지고 있지 말고 친구, 가족과도 나누어 보시길 바랍니다. 모두가 질문하고 생각하는 힘이 생긴다면, 어려운 문제들을 함께 해결해 나가는 공동체를 만들 수 있겠지요?

이 책을 읽는 여러분들 모두, 그런 멋진 공동체를 하나둘 만들어 나가는 지혜로운 미래 인재가 되기를 기대합니다.

이지애 드림
(이화여대 철학과 부교수, 한국 철학교육 학회 회장)

초등 첫 인문철학왕
이렇게 활용하세요!

생각 실험

생각 실험은 어떤 사실을 알기 위해 여러 가지 실험과 사례를 연구하는 것이에요. 철학이나 자연 과학 분야 등에서 널리 사용되는 방법이에요. 권마다 주제에 관련된 실험, 유명한 인물의 사례 등을 읽으며 상상력과 문제 해결력을 키워 보세요.

만화 & 동화

40권의 인문 철학 주제별로 아이들의 생활 세계 속 이야기, 패러디 동화 등이 다양하게 펼쳐져요. 처음과 중간은 만화, 본문은 그림 동화로 되어 있어서, 재미난 이야기에 푹 빠질 수 있어요.

인문철학왕되기

오랫동안 어린이들과 함께 철학 수업을 연구하고 진행해 온 한국 철학교육연구원 소속 교수와 연구진들이 집필했어요.

소쌤의 철학 특강, 인문 특강, 창의 특강으로 구성되었어요. 주제와 이야기 안에 숨겨진 철학적 문제들에 대해 함께 답을 찾아갈 수 있도록 깊이 있는 토론과 특강, 그리고 재미있는 활동으로 구성되었어요.

난 질문하는 **소크라테스**! 문제를 해결할 수 있도록 도와주지!

난 **뭉치**. 같이 생각하고 토론하지!

난 늘 창의적인 **새롬**이!

난 생각이 깊은 **지혜**!

교과 연계

각 권마다 최신 개정 교과서 단원과 연계되어 교과 학습에 도움이 되도록 구성되었어요. 권별로 확인하세요.

이 책의 차례

추천사 ·· 4

구성과 활용 ·· 6

생각 실험 무엇이 더 나은 선택일까? ······················ 10

만화 진짜 나눔 ·· 20

이상한 메시지 ·· 22
- **인문철학왕되기1** 동물도 서로 나눔을 할까?
- **소쌤의 인문 특강** 자신을 희생하면서 나눔을 실천한 사람들

뼈만 남은 아이 ·· 42
- **인문철학왕되기2** 나누면 '내' 것이 줄어들까?
- **소쌤의 창의 특강** 나눔에도 배려가 필요해!

| 만화 | **최 부자의 나눔** | 62 |

비밀의 문　　　　　　　　　　　　　　　　68
　　인문철학왕되기3　나눔은 꼭 해야 하는 의무일까?
　　소쌤의 철학 특강　부자는 세금을 더 많이 내야 할까?

우주 연결자　　　　　　　　　　　　　　　88
　　인문철학왕되기4　만일 나라면?
　　창의활동　　　　나눔을 주제로 한 광고 포스터 만들기

생각 실험

무엇이 더 나은 선택일까?

여기 상자에 두 공이 들어 있습니다. 여러분이 빨간 공을 선택하면 같은 동네에서 마주치는 시각 장애를 가진 아이에게 **안내견**을 보내 줄 수 있어요.

한편 파란 공을 선택하면 여러분 또래의 **아프리카 아이들 400명이 시력**을 잃는 것을 막을 수 있어요.

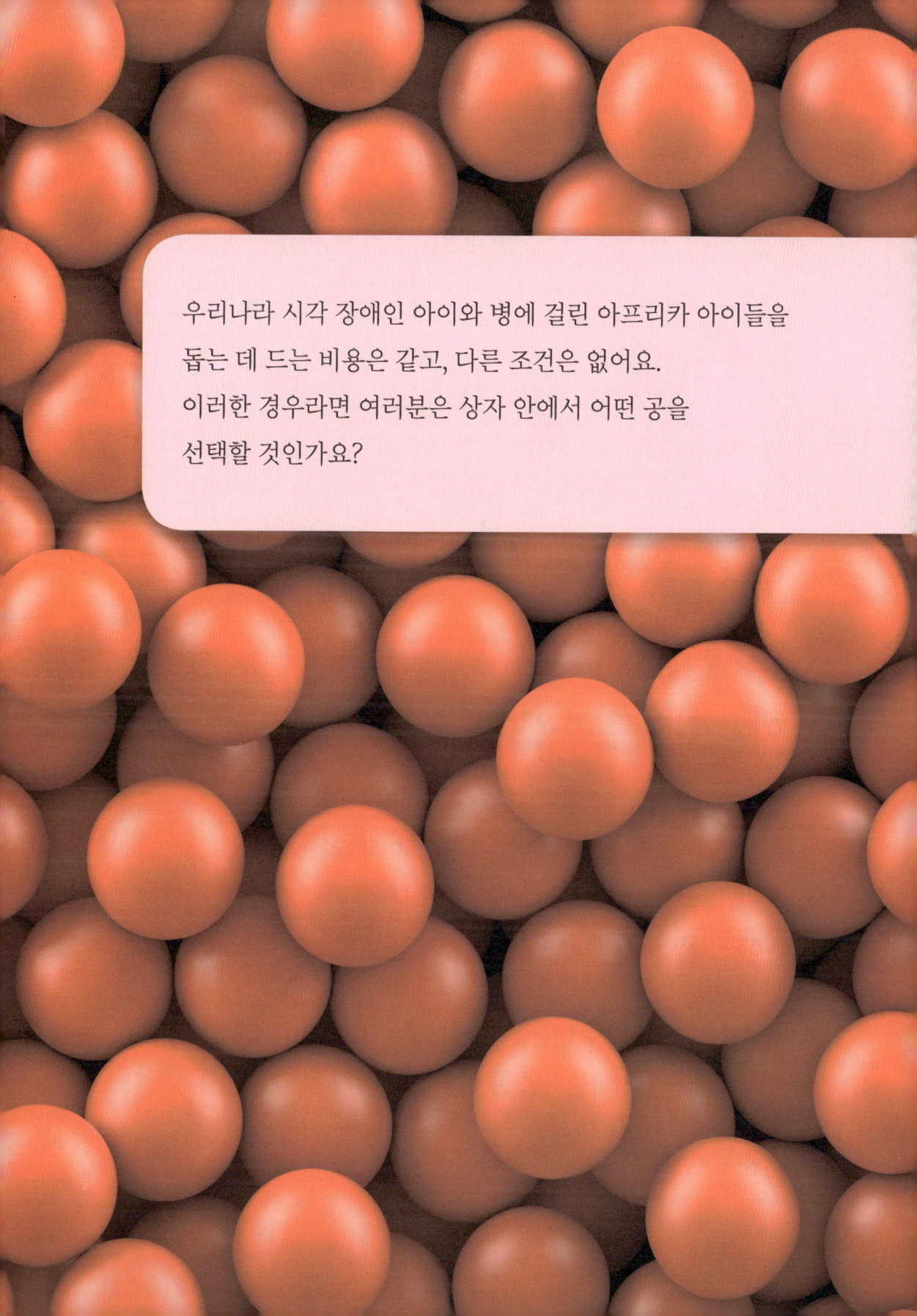

우리나라 시각 장애인 아이와 병에 걸린 아프리카 아이들을 돕는 데 드는 비용은 같고, 다른 조건은 없어요. 이러한 경우라면 여러분은 상자 안에서 어떤 공을 선택할 것인가요?

시각 장애인 단체

"안내견은 우리 눈과 같은 존재예요. 우리한테서 안내견을 빼앗아 아프리카 아이들을 돕는 것은 우리 눈을 뺏는 것과 같아요."

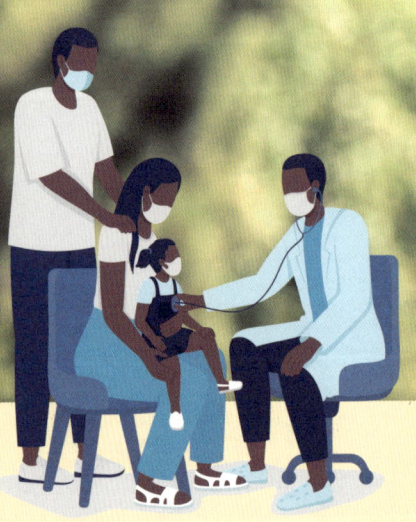

아프리카 구호 단체

"아프리카의 많은 아이들은 트라코마라는 병에 걸려 시력을 잃어요. 이 병은 클라미디아 트라코마티스라는 균에 오염된 물을 먹거나 물건을 만져서 생기는데 방치하면 시력을 잃게 돼요.
이 병은 잘사는 나라 기준으로 봤을 때 치료제가 비싸지 않아서, 적은 돈으로 많은 아이들의 시력을 되찾아 줄 수 있어요. 같은 비용이면 한 사람보다 여러 사람을 돕는 것이 나아요."

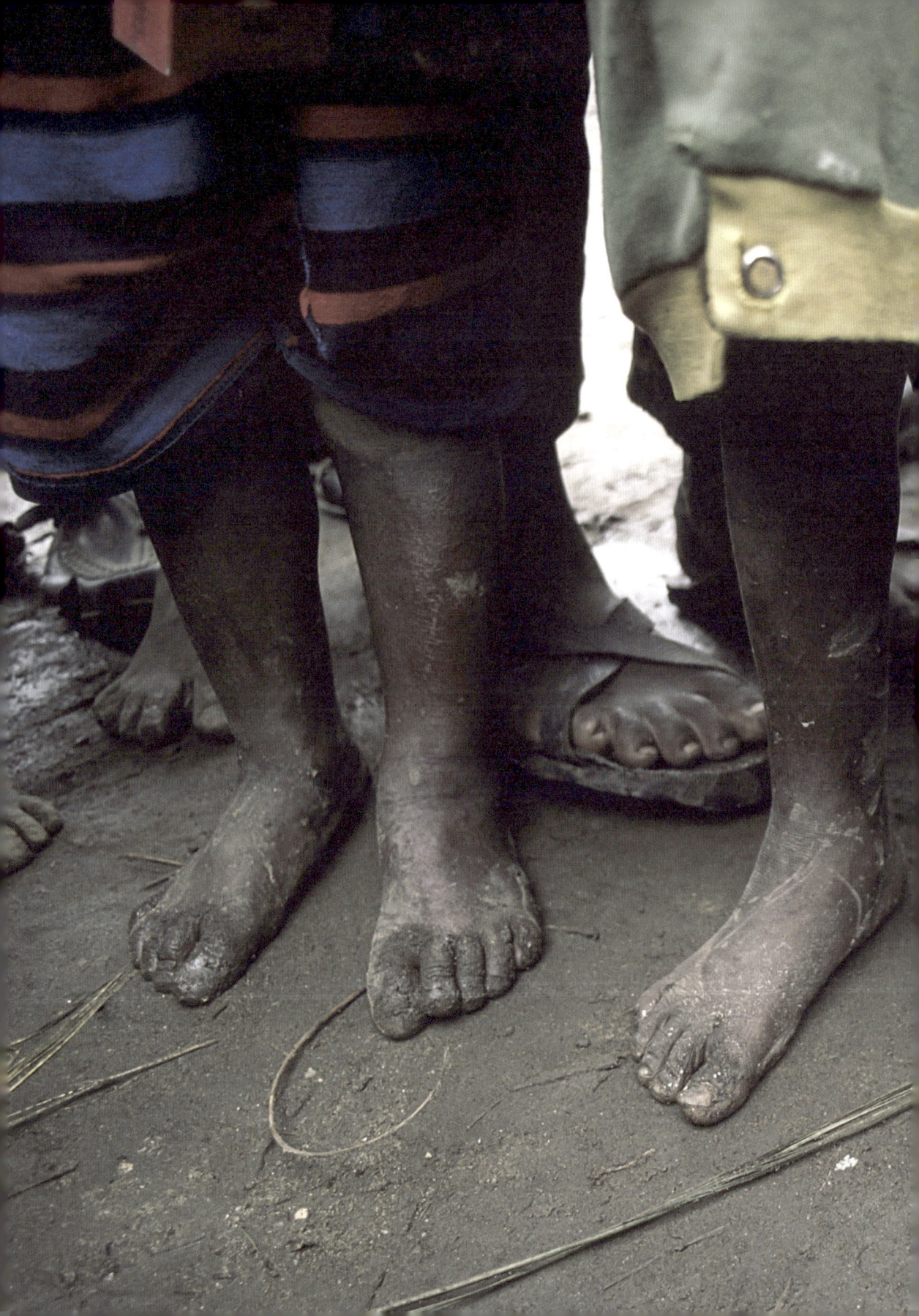

아프리카 구호 단체

"그리고 가까이 산다고 돕는 것은 감정에 치우친 것이에요. 멀리 살지만 가난해서 싼 치료제도 살 수 없는 아프리카의 수많은 아이들을 우리의 작은 나눔으로 구할 수 있어요. 우리는 타인을 도울 때 감성보다 이성적으로 생각해야 해요."

시각 장애인 단체

"아프리카 아이들이 치료를 못 받는 건 안타까운 일이에요. 그렇지만 멀리 떨어진 아프리카 아이를 돕는 것보다는 우리 옆집의 시각 장애인 아이를 돕는 것이 더 나아요. 누군가를 돕는다는 것은 단지 비용을 계산하는 것과는 달라요."

아프리카 구호 단체

"그렇게 되면 가난한 나라 사람들은
서로 도울 처지가 못 되어
계속 가난과 질병에 시달려야 해요.
생명을 가진 존재는 모두
동등하게 존중받아야 해요."

여러분의 도움으로 가난과 질병에서 벗어났어요!

여러분이라면 어떤 공을 선택해서
어떤 어린이를 돕고 싶나요?

이상한 메시지

로이의 컴퓨터 화면에 메시지가 깜빡깜빡했어요.

배고파. 먹을 것 좀 줘.

로이는 씩 웃었어요.
"재키 녀석, 또 장난이네."
재키는 '하루에 왜 세 끼만 먹냐? 다섯 끼, 아니 일곱 끼도 먹을 수 있어.'라며 매일 투덜대는 같은 반 친구예요.
"내 몸속에 굶주려서 돌아가신 증조할아버지 귀신이 붙었나 봐. 히히히."
재키는 농담처럼 말하곤 했어요.

로이는 재키가 프룬 별에서 태어나길 정말 다행이다 생각했어요. 우주의 어느 별은 식물이나 가축이 잘 자라지 않아 먹을 게 부족하다고 했거든요.
로이는 똥 모양의 빵을 열 개 쌓은 그림을 답 메일로 보냈어요.
"똥 빵 맛 좀 봐라!"
그러나 재키는 아무 반응을 하지 않았어요.
"어? 평소라면 머리에 불이 난 재키 얼굴의 이모티콘 폭탄이 모니터에 가득 차야 하는데……."

로이 컴퓨터가 갑자기 깜빡깜빡하더니 꺼져 버렸어요. 전원 버튼을 눌렀지만, 컴퓨터 화면은 다시 켜지지 않았어요.

다음 날 로이는 식탁 위에 있던 초코 과자 하나를 집어 들고 학교에 갔어요.

교실 문을 열고 들어간 로이에게 재키가 헐레벌떡 다가와 말했어요.

"로이, 너도 어제 이상한 메시지 받았지?"

로이는 고개를 갸웃거리며 아무렇지 않게 말했어요.

"이상한 메시지? 장난치지 말고, 이거나 받아."

로이는 초코 과자를 재키에게 쑥 내밀었어요.

"히히, 이건 잘 먹을게. 너도 받았구나, 그 메시지. 우리 반 애들 거의가 그 메시지를 받았어."

재키의 말에 로이는 교실 안을 둘러보았어요.

"컴퓨터 모니터에 그 메시지만 딱 뜨고는 사라졌어."

모두 한목소리가 되어 말했어요.

"요즘 프룬 별 사람들 중에 배가 고픈 사람이 어디 있니? 70년 전, 우리 증조할아버지 때에는 먹을 게 없었다고 하던데. 그럼, 혹시……."

재키는 마치 귀신이라도 나타난 것처럼 으스스한 분위기를 만들었어요. 그러고는 갑자기 손이 뜨거운 불에 데이기라도 한 것처럼 놀라서 뒤로 자빠지듯 물러났어요.

"아악!"

여자아이들뿐 아니라 남자아이들도 모두 소리를 질렀어요.

그때 마침 선생님이 들어왔어요.

"여러분에게도 온 이상한 메시지에 대한 조사를 하고 있습니다. 차분하게 기다려 봅시다."

그 메시지로 인해 로이의 학교뿐 아니라, 프룬 별 곳곳은 하루 종일 떠들썩했어요.

며칠 후, 저녁 늦게 퇴근한 로이 아버지는 가족을 모두 모이게 했어요. 로이 아버지는 프룬 별의 환경을 책임지고 있어요.

"오늘 중요한 이야기를 해야겠다."

로이뿐 아니라 누나인 세라, 엄마는 걱정스런 눈빛으로 아버지를 뚫어지게 바라보았어요.

"우리 별 모두의 컴퓨터에 그 메시지가 떴어. 컴퓨터뿐 아니라 휴대 전화와 각종 통신 수단에 그 메시지가 왔다고 하더라. 음, 그 메시지는 레시 별에서 보낸 걸로 파악되었다."

"레시 별이라고요? 레시 별에서 왜 그런 메시지를 보내요? 레시 별과는 모든 것들을 차단하고 있는 것 아니었나요?"

세라는 씩씩댔어요.

레시 별은 프룬 별과 이웃해 있는 별이에요.

이웃한 별이지만, 아주 오래전부터 프룬 별과는 어떤 통신 수단뿐 아니라 교통수단으로도 연결되지 않는 곳이에요. 더 먼 거리에 있는 해롯 별과 아리카 별에는 여행을 가기도 하고, 여러 도움을 주고받지만, 레시 별은 프룬 별의 우주 지도에서 사라진 별이었거든요.

"지금 우리 프룬 별은 중대한 결정을 해야 한단다."

아버지의 목소리는 그 어느 때보다 진지하고 무거웠어요.

"레시 별 사람들이 굶주리고 있다는 사실은 작년부터 알고 있었단다. 우리와 어떤 수단으로도 접촉은 없지만, 우리 별은 늘 이웃한 별과 우주의 여러 별에서 일어나는 일들에는 관심을 가지고 있지. 레시 별 사람들의 굶주림이 갑자기 더 심해진 것은 불과 두 달 전부터래. 굶어죽는 사람도 있다는구나. 모든 일상이 멈추고, 심지어는 싸움도 일어나고 있어. 며칠 전 온 메시지에 대해 레시 별 대표에게 연락을 했다. 음…… 그들은 프룬 별로 다시 돌아오기를 바라고 있어."

아버지의 말을 듣고 있던 엄마가 차분하게 물었어요.

"우리와 함께 살아가고 싶다는 건가요?"

아버지는 엄마와 세라, 로이와 눈 맞춤을 하며 고개를 끄덕였어요.

"아빠, 할아버지 말씀을 기억해요. 할아버지는 로이만 할 때, 아침부터 밤까지 하루 종일 일을 하셨대요. 학교에 가서 공부를 한다는 건 꿈꿀 수도 없는 일이었다고 하셨어요. 프룬 별을 버리고 레시 별로 떠나 잘살고 있는 사람들에게 도움을 요청해도 거부했고요. 그러니까 저는 반대예요."

세라는 팔짱을 끼며 차갑게 말했어요.

"당시 프룬 별은 사람들이 살 수 없는 곳이었지. 쓰레기 산, 오

염된 바다, 산소마스크 없이는 숨 쉴 수 없는 공기. 식물을 심으면 말라비틀어졌고, 소와 돼지 등의 가축들은 병에 걸려 먹을 수 없었어. 바다가 오염되니 죽은 물고기들이 해변에 가득했지. 프룬 별이 싫어 떠난 사람들은 깨끗하고 풍요로운 레시 별에서 잘살았어. 우리가 도움을 요청해도 아랑곳하지 않았어. 그래, 분명 그랬단다."

아버지는 한숨을 푹 내쉬며 말했어요.

"아빠, 저는 레시 별 사람들을 받아 줄 필요가 없다고 생각해요. 힘들게 얻게 된 것들을 왜 우리가 그들과 나눠야 하죠? 나눠 주게 되면 우리 것이 줄어들게 되잖아요."

흥분한 세라가 씩씩대며 말하자, 엄마가 가만히 세라의 등을 쓰다듬었어요.

아버지는 세라를 부드러운 눈으로 바라보며 말했어요.

"그래, 세라 말이 맞아. 하지만 세라야, 그 메시지는 레시 별에 사는 로이 또래의 아이가 보낸 거래. 그 아이가 어떻게, 어떤 방법으로 우리 프룬 별 컴퓨터에 메시지를 보냈는지 알아보고 있는 중이야."

"어쩜, 좋아."

엄마는 안타까운 마음에 짧은 탄식을 내뱉었어요. 세라와 로이는 아무 말을 하지 못했고요.

그날 밤, 로이는 침대에 누워서도 자꾸 뒤척였어요.

로이는 배가 고픈 적이 한 번도 없었어요. 시간이 되면 밥을 먹었고, 간식을 먹었거든요.

벌떡 일어난 로이는 창문을 열어 밤하늘을 보았어요. 크고 작은, 반짝이는 별들이 하늘에 총총 떠 있었어요.

'레시 별은 도대체 어떻게 된 걸까?'

프룬 별의 우주 지도에서는 지워져 있었지만, 로이가 지금 보고 있는 별 중에 하나는 레시 별일 거라는 생각이 들었어요. 로이는

레시 별의 아이들 생각에 좀처럼 잠을 청할 수가 없었답니다.

프룬 별 사람들은 모이기만 하면 그 메시지 이야기로 시끌시끌했어요.

"왜 우리가 레시 별 사람들을 받아 줘야 하는데?"

"레시 별 어린애들이 무슨 죄야. 어린애들을 위해서라도 우리가 나눠 주는 게 좋지 않을까?"

"아냐, 옛날 우리 고모할머니는 며칠을 굶다가 돌아가셨대. 나는 반대야."

"우리 삼촌은 예전에 바다 청소를 하다가 다쳐서 지금도 움직이기 힘드셔. 그래도 내 생각에는 지금 우리가 넉넉하게 살고 있으니, 나눠 줘도 되지 않을까 싶어."

거리에서 싸우는 사람들도 종종 눈에 띄었어요.

텔레비전 프로그램에서는 레시 별 사람들을 받아 줄 것이냐, 받아 주지 말 것이냐에 대해 열띤 토론회가 열렸어요.

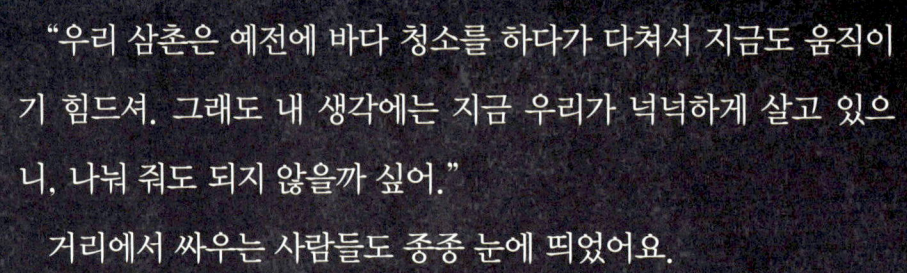

로이가 다니는 초등학교에서도, 세라가 다니는 대학교에서도 이 문제로 시끌시끌했어요.

그러던 어느 날이에요.

"밥."

컴퓨터 화면에 한 글자가 깜빡이더니 곧 사라졌어요.

숙제를 하던 로이가 무심코 모니터를 쳐다보았다가 그 메시지를

읽었어요.

지난번처럼 레시 별에서 보낸 게 아닐까 생각했어요.

로이는 한동안 멍하니 컴퓨터 화면만 뚫어지게 보았어요. 밥이라는 단어가 낯설게 느껴졌어요.

프룬 별이 푸른 하늘과 긴 숨을 들이마시고 내쉴 수 있는 깨끗한 환경, 게다가 해가 없는 에너지원과 풍요로운 식량으로 넉넉한 생활을 하게 된 건 불과 10여 년밖에 되지 않았어요.

대학생인 누나 세라도 어릴 적에 프룬 별을 다시 일으켜 세우기 위해 여러 가지 일을 했어요. 로이가 태어났을 때는 프룬 별이 지금의 모습이었기 때문에 살기 힘들었던 프룬 별을 잘 알지 못해요. 그렇기 때문에 '밥'이라는 한 글자에 자꾸 마음이 쓰였어요.

그때 마침 아버지가 집에 들어왔어요. 아버지의 어깨가 축 처져 있었어요.

"여보, 식사 좀 하세요."

엄마는 식탁에 얼른 저녁을 차렸어요.

"하하, 오늘 하루 종일 먹은 게 없네. 배가 고프긴 고팠어요."

아버지는 식탁 의자에 앉자마자 허겁지겁 밥을 먹었어요.

그 모습에 로이는 깜짝 놀랐어요. 아버지가 밥을 급하게 먹은 적이 한 번도 없었거든요.

"여보, 천천히 좀 드세요. 체하겠어요."

아버지는 그제야 숟가락질 속도를 좀 늦추었어요.

"배가 고파서요. 허허."

물 한 잔을 다 마신 아버지가 후유, 숨을 내쉬었어요.

"결정은 되었나요?"

로이는 아버지 맞은편에 앉으며 물었어요.

아버지는 가만히 고개를 저었어요.

"어려운 결정이란다. 우리가 애써 일군 것들을 나눠야 하는 상황이야."

"우리에게는 많이 있잖아요. 충분히 먹고, 충분히 따뜻하게 살고 있잖아요. 남는 걸로 나누자는 건데……."

"그래, 그렇게 생각하면 좋지. 하지만 나누게 되면 우리가 누려야 할 것들이 줄어드는 거야. 그렇기 때문에 고민을 하는 거란다."

"우리가 조금 덜 먹으면 되잖아요."

세라가 2층에서 내려오는 소리가 들리자, 로이는 입을 다물었어요.

"아빠 오셨어요? 어떻게 하기로 결정했어요?"

레시 별 이주 반대

 세라도 로이와 같은 질문을 아버지에게 했어요. 아버지는 대답 없이 고개를 저었어요.

로이는 침을 꼴깍 한 번 삼키고는 말했어요.

"사실 오늘 또 다른 메시지를 받았어요. 밥이라고."

"나도 받았어. 그깟 밥이 먹고 싶은 거지. 흥."

레시 별에 대한 세라의 얼어붙은 마음은 좀처럼 녹을 줄 몰랐어요.

"누나, 우리는 그깟 밥이지만, 레시 별 사람들에게는 간절할 수 있다는 생각이 들었어."

로이의 말에 아버지와 세라의 눈이 로이를 향했어요.

로이는 아버지를 보며 말을 이었어요.

"작년 발명품 대회 기억이 떠올랐어요. 아빠는 그때, 일등을 하고 싶은 욕심만 부리던 저에게 말씀하셨어요. 일등이 목표가 되어서는 안 된다고. 프룬 별이 지금처럼 잘살게 된 것은 모두가 살 수 있는 곳을 만들어야 한다는 마음 하나였다고요. 살아만 있다면 해결 못 할 게 없었다고. 저는 레시 별 사람들에게 기회를 주면 좋겠다는 생각이 들어요."

아버지는 곰곰이 생각에 잠겨 있다가 말했어요.

"내 것이 있는 그대로일 때 나눠 주는 것과 내 것이 없어지면서까지 나눠 주는 것은 좀 다르지. 사람들의 생각이 각각 다르니까. 지금 레시 별 사람들은 여러 별로 뿔뿔이 흩어지고 있다고 해. 바로 난민처럼."

그리고 며칠 후, 프룬 별에서는 의견을 낼 수 있는 모든 사람들의 투표 결과를 알렸어요.

"레시 별 사람들의 이주를 찬성하는 쪽과 반대하는 쪽이 맞섰습니다. 최종 결과 레시 별 사람들의 이주를 찬성하는 쪽은 82퍼센트, 반대하는 쪽은 18퍼센트였습니다. 우리 프룬 별은 항상 다수결의 원칙을 지켜 왔습니다. 소수의 의견을 내주신 분들도 의견 감사하지만, 더 많은 사람들의 의견에 따라 주셨으면 합니다."

뉴스 속보와 함께 프룬 별 곳곳에서는 환영 플래카드와 반대 플래카드가 동시에 붙었어요.

그리고 얼마 후, 레시 별 사람들을 태운 우주선이 프룬 별 하늘에 나타났어요.

동물도 서로 나눔을 할까?

생각할 줄 아는 인간만 나눔을 할 수 있는 것 아닐까요?

레시 별 이주 반대

이주 찬성!!

환영합ㄴ

 너희들은 나눔에 관해 고민한 적 있니?

 동생이랑 장난감 갖고 놀 때요. 엄마는 늘 동생한테 장난감을 양보하라고 하세요.

 뭉치야, 넌 아직도 장난감을 갖고 노니? 어리다, 어려! 그건 그렇고, 저는 프룬 별 사람들이 레시 별 사람들을 도와주면 좋겠어요.

 뭉치야, 사람이니까 도움을 주고받을 수 있지 않을까?

 레시 별 문제는 스스로 해결해야지! 동물들도 배고프다고 다른 동물한테 도와 달라고 하지 않잖아.

동물은 다른 동물과 나누지도 않지만 그렇다고 독차지하지도 않지. 반면에 사람은 나누기도 하지. 나눔이 무엇인지부터 생각해 볼까?

소쌤의 TIP

동물의 나눔과 사람의 나눔

동물은 남의 것을 뺏지는 않지만 그렇다고 의지를 갖고 나누어 주는 것은 아니란다. 한편 어떤 사람은 다른 사람의 것을 빼앗는 행동을 하기도 하지만 자신의 것을 아낌없이 나누는 삶을 살기도 하지.

소쌤의 인문 특강

자신을 희생하면서 나눔을 실천한 사람들

나눔과 사랑을 실천한 신부 김수환

김수환은 우리나라 최초로 가톨릭 추기경이 된 종교 지도자란다. 신부가 된 후 아이들을 가르치다 독일로 유학을 갔지. 1969년에는 교황 바오로 6세에 의해 세계에서 가장 나이 어린 추기경이 되었단다.

김수환은 서대문 교도소와 목동 철거촌, 한센병 환자들이 사는 소록도 등을 방문하면서 사람들에게 '나눔'이 꼭 필요하다는 것을 깨달았어. 그래서 **늘 주위를 돌아보고 서로 나눔을 베풀라는 등의 이웃 사랑을 강조했지**. 그리고 교회는 사회의 빛이 되어야 한다며, 인권이나 생명을 존중하는 일에도 힘썼단다.

김수환은 언제나 양심적이고 용기 있는 행동으로 독재 정권에 맞선 덕분에 성직자임에도 정치를 비롯한 사회 전체에 큰 영향을 미친 인물이야.

장애인의 희망이 되어 준 사회 운동가 헬렌 켈러

헬렌 켈러는 태어난 지 19개월 되던 때 열병을 앓아 눈이 멀고 귀도 멀어 말도 못 하는 상태가 되고 말았어. 그러다 일곱 살 때 가정 교사 설리번 선생님을 만나 본격적으로 교육을 받기 시작했지.

처음에는 손바닥에 글자를 써서 대화하다가, 목젖에 손가락을 대고 목소리의 떨림을 느끼며 대화할 수 있게 되었단다. 이후 점자를 익히고 학교 생활이 가능해지자 시청각 장애를 가진 사람으로는 세계 최초로 대학 교육을 받은 사람이 되었지. 1904년 대학을 졸업한 이후에는 평생 동안 자신과 처지가 같은 사람을 위해 여러 나라를 다니며 강연을 했어. 기금을 모아 시각 장애인, 농아 복지 사업에도 힘썼고 말이야. 헬렌 켈러의 노력은 장애를 가진 사람들에게 큰 희망과 용기를 주었단다.

# 뼈만 남은 아이

우주선이 착륙했어요. 드디어 우주선의 문이 열렸어요.

로이뿐 아니라 프룬 별 사람들은 텔레비전을 통해 이 모든 상황을 숨죽이고 지켜보았어요.

70여 년 전, 프룬 별이 싫어 프룬 별을 버리고 떠난 레시 별 사람들이에요. 레시 별에서 태어나고 자란 사람들도 많았지만, 그들의 할아버지, 할머니들은 프룬 별이 고향인 사람들이었어요.

150여 년 전부터 프룬 별 사람들은 우주 탐험에 나섰고, 사람이 살 수 있는 별을 찾기 위해 노력했어요. 그렇게 찾은 별이 프룬 별과 비슷한 환경의 레시 별이에요. 레시 별은 프룬 별과 달리 깨끗한 공기와 물, 자원이 풍부하여 모두들 기뻐했어요.

그러나 그곳은 힘 있고, 돈이 많은 사람들만 갈 수 있는 곳이었어요. 레시 별에 간 사람들은 프룬 별이 쓰레기로 뒤덮이고, 황폐해진 땅에서 식물이 자라지 않아도 도와주지 않았어요. 굶주리고 아픈 사람들에게도 등을 돌렸지요.

프룬 별에 남은 사람들은 환경을 되돌리기 위해 피나는 노력을 했어요. 새로운 자원을 찾고, 환경을 오염시키지 않는 에너지를 개발했어요. 농약 사용을 줄이며 농작물을 키우고, 가축도 필요한 만큼만 사육했지요.

평화롭고 안락하게 살고 있던 프룬 별에 이상한 메시지가 온 것은 석 달 전이었어요. 그리고 오늘, 레시 별 사람들이 프룬 별에 오게 된 거예요.

"지금, 텔레비전을 통해 보시고 있는 우주선에는 1차로 오는 레시 별 사람들이 타고 있습니다. 곧 우주선 문이 열릴 것입니다."

아나운서의 말이 끝나자마자, 우주선 문이 열렸어요. 그런데 한동안 아무도 나오지 않았어요.

"무슨 일이지?"

엄마가 걱정스런 말투로 말했어요.

그때였어요.

"아…… 세상에!"

엄마는 말을 잇지 못했어요. 눈가에 눈물이 촉촉하게 맺혔어요.

"저 정도일 줄은 나도 정말 몰랐어. 어떻게……."

세라도 말끝을 흐렸어요.

열린 문을 통해 처음으로 나온 아이는 사람이라고 보기 어려울 정도로 마른 모습이었어요.

프룬 별 사람들 모두 한동안 입을 다물지 못했어요.

그 아이는 마치 마른 나뭇가지에 헐렁한 옷을 입혀 놓은 허수아비 같았어요. 헝클어진 머리카락, 광대뼈가 도드라진 얼굴, 퀭한 눈은 초점이 없었어요.

텔레비전 화면을 통해 고스란히 드러난 레시 별 사람을 본 프룬 별 사람들은 가슴이 먹먹했어요. 이주를 반대하던 사람들 중 일부는 들고 있던 피켓을 슬그머니 내리기도 했어요.

아이 뒤로 나오는 사람들 역시 아이와 별반 다르지 않았어요. 모두 하나같이 비쩍 마르고 아픈 사람들 같았지요.

레시 별 사람들이 버스에 올라 모두 안전한 곳으로 이동하는 모습으로 뉴스 보도는 끝났어요. 그 후로도 텔레비전 보도를 통해 레시 별 사람들이 프룬 별에서 생활하는 모습을 볼 수 있었어요.

몇 달이 지난 어느 날이었어요.

"오늘 새 친구 매트와 엘라가 왔어요. 함께 잘 지내요."

로이네 반에 전학 온 아이들은 남자아이와 여자아이였어요.

'엘라라는 애는 어디서 본 것 같은데. 혹시 우리가 같은 유치원을 다녔나?'

로이는 엘라를 유심히 살펴보았지만, 기억이 나지 않았어요.

재키가 매트와 엘라에게 다가가 인사를 했어요.

"안녕? 난 재키라고 해."

매트는 재키를 흘끔 보더니 눈으로만 인사를 했어요. 엘라는 큰 눈을 깜빡깜빡일 뿐, 표정 없이 물끄러미 보기만 했고요.

재키는 쭈뼛거리며 뒷머리를 긁적였어요.

전학 온 날부터 매트와 엘라는 둘만 이야기를 나누었어요. 반 아이들에게는 말 한마디 건네지 않았고, 친구들이 다가가면 뒤로 물러나기만 했어요.

그래도 로이뿐 아니라 로이네 반 아이들 모두 매트와 엘라에게 친절하게 다가가려고 애썼어요. 바로 그 일들이 있기 전까지는요.

급식 시간이었어요. 급식으로 나온 바나나를 본 엘라의 눈빛을 본 로이는 깜짝 놀랐어요. 마치 쥐를 본 고양이의 눈빛, 영양을 본 사자의 눈빛 같았어요.

엘라는 바나나를 집어 허겁지겁 먹었어요. 엘라는 또 옆에 앉은 매트의 식판에서 바나나를 집어 순식간에 먹어치웠지요.

로이가 엘라의 식판을 보니, 밥은 거의 손도 안 댄 것 같았어요.

'저럴 거면, 급식을 받지 말든지.'

로이는 눈살을 찌푸렸어요. 음식물 쓰레기를 잔뜩 버리는 엘라에게 따끔하게 말하고 싶었지만, 꾹 참았어요.

또 매트와 엘라는 교실 공동 학용품을 마구 가져다 사용했어요.

프룬 별 아이들은 연필과 지우개, 공책 등이 부족한 적이 없었어요. 프룬 별 아이들은 어릴 적부터 아끼는 게 몸에 배어 있었거든요. 그런데 매트와 엘라가 온 이후에는 공동 학용품이 늘 부족했어요.

로이네 반 아이들이 하나둘 볼멘소리를 했어요.

그날도 매트는 쓰던 연필을 쓰레기통으로 휙 집어 던지려고 했어요.

마침 옆에 있던 로이가 더 참지 못하고 폭발했어요.

"그 연필 버리는 거니?"

"응. 그런데 왜?"

매트는 귀찮다는 듯이 대꾸했어요.

"아직 충분히 쓸 수 있을 것

같아서 그래."

로이는 몽당연필을 요리조리 살펴보더니 말했어요.

"몽당연필을 버리고 새 연필을 쓰는 건 내 마음이야. 너도 새 연필을 쓰잖아."

매트는 아무렇지 않은 듯이 말했어요.

"그 몽당연필 아직 쓸 만해 보여. 이리 줘 봐. 내가 연필깍지에 끼워서 쓸게."

"그게 뭔데?"

로이가 자신의 필통에서 연필깍지 하나를 꺼내 와 매트가 버리려는 연필에 끼웠어요.

"짧아진 연필을 여기에 끼우면 한 달은 더 쓸 수 있을걸? 자, 길어졌지?"

매트는 로이 손에 있던 연필을 빼앗았어요.

"알았어. 내가 쓸게."

로이는 씩 웃었어요.

매트는 혼잣말로 중얼거리며 얼굴을 일그러뜨렸어요.

"흥, 자기들이 우리한테 살 곳과 먹을 것 좀 나눠 줬다고 잘난 척은."

매트의 말이 로이의 등 뒤로 스쳤어요.

'아, 엘라와 매트는 레시 별에서 왔구나.'

로이는 매트와 엘라를 다시 보았어요. 순간, 로이는 엘라와 눈이 마주쳤어요. 엘라는 얼른 고개를 돌렸어요.

'우주선에서 처음 내렸던 아이, 프룬 별 아이들과 너무 달랐던 아이, 엘라가 그 아이인가?'

로이는 그 아이를 떠올릴 때면 가슴이 아팠어요. 언젠가 혹시라도 그 아이를 만나게 되면 모아 둔 용돈으로 밥을 사 주고 싶었답니다.

레시 별 사람들은 여기저기에서 문제를 일으켰어요.

"프룬 별 사람들이 한 달을 쓸 수 있는 생필품이 레시 별 사람들한테 가면 일주일도 못 가서 동이 납니다. 어찌나 낭비가 심한지, 말도 못 해요."

"음식물 쓰레기는 산처럼 쌓여요. 먹을 만큼 덜어서 먹으면 되는데, 잔뜩 쌓아 놓았다가 버리기 일쑤입니다."

"저런 습관으로 레시 별이 엉망이 된 거겠지요. 나 원 참."

"우리가 레시 별 사람들에게 나눔과 봉사를 하는 것도 한계가 있는 거예요."

프룬 별 사람들은 여기저기서 불만을 토해 냈어요.

모든 물자가 풍요롭던 프룬 별에서도 이제 부족한 것들이 생기기 시작했어요. 물건이 부족해지니 값이 올랐고, 값이 오르니 프룬 별 경제가 엉망이 되어 갔어요. 마트마다 사재기 현상도 생겼고, 프룬 별 사람들끼리도 다투는 일이 생겼어요.

레시 별에서 온 사람들을 담당하는 '프룬 별 헬프 팀'에서는 프룬 별 사람들의 항의 전화로 업무가 마비될 정도였어요.

"레시 별 여러분, 여러분이 레시 별에서 했던 행동을 그대로 한다면 프룬 별도 레시 별처럼 됩니다. 우리 프룬 별의 규칙을 따라 주셨으면 합니다."

프룬 별에서는 레시 별 사람들이 규칙을 어기면 강력한 조치를 하겠다고 선언했어요.

그날 이후로 레시 별 사람들에게는 일정한 양의 음식과 물건들만 제공되었어요. 그리고 스스로 아끼고 치우는 방법에 대해 철저하게 교육을 시켰지요.

레시 별에서 온 사람들도 하나둘 프룬 별의 규칙을 따르려고 노력했어요.

"레시 별처럼 똑같이 하게 되면 우리는 언젠가 또 굶주리게 됩니다."

"그렇습니다. 우리 모두 프룬 별의 규칙을 따르도록 합시다."

레시 별 사람들은 서로서로에게 다짐하듯이 말했어요.

매트와 엘라도 교실 규칙을 따르려고 노력하는 모습을 보였어요.

어느 날, 로이는 매트에게 준 연필깍지를 엘라가 연필에 끼우고 쓰고 있는 모습을 보았어요.

로이는 엘라 책상 옆을 지나다가 슬그머니 연필깍지 두 개를 놓았어요. 엘라가 눈이 동그래져서 로이를 올려보자, 로이는 쑥스러워하며 히죽 웃었어요. 엘라도 피식 웃었어요.

로이는 엘라가 웃는 모습을 처음 보았어요. 갑자기 가슴이 콩콩 뛰었어요.

그날, 학교 수업이 끝나고 로이는 집으로 가던 길이었어요.

'어? 쟤 엘라 아니야?'

로이가 학교 건물 구석진 곳에 있는 엘라를 발견했어요.

로이는 엘라 쪽으로 발걸음을 옮기려다 멈추었어요.

'에잇, 할 말도 없는데…….'

그러던 로이가 어느새 엘라 앞에 서 있었어요. 자기도 모르게 엘라한테 다가간 거예요.

로이는 쭈뼛쭈뼛하며, 신발 끝으로 땅바닥을 톡톡 쳤어요.

"나 너에게 묻고 싶은 게 있어."

로이는 땅바닥만 계속 내려다보며 말했어요.

"프룬 별에 문자를 보낸 사람이 혹시 너니? 그리고 우주선에서 가장 먼저 내렸던 아이가 엘라 너니?"

로이의 질문에 엘라의 눈빛이 살짝 흔들렸어요.

"나 네 옆에 앉아도 되니? 아냐 아냐, 앉을래."

로이는 말이 끝나기도 전에 엘라 옆에 앉았어요.

엘라는 푸푸 웃었어요.

로이는 갑자기 용기가 생겨 엘라한테 말을 건 자기 자신에게 깜짝 놀랐어요.

"이거."

엘라가 작은 강낭콩만 한 것 하나를 로이에게 건넸어요.

로이는 어리둥절해하며 고개를 갸웃거렸어요.

"이거 뭔지 아니?"

로이는 고개를 마구 저었어요.

"프룬 별에 와서 이런 걸 한 번도 본 적도, 들은 적도 없었어. 그러니 넌 당연히 모르겠지."

엘라의 목소리가 한결 부드러워졌어요. 교실에서 한 번도 들어 보지 못한 포근포근한 목소리였지요.

"뭘? 듣지 못했다는 거야?"
로이는 어깨를 으쓱하며 물었어요.
엘라가 강낭콩 모양의 물건을 다짜고짜 로이의 귀에 살짝 꽂았어요. 순간, 당황한 로이가 옆으로 움찔 물러났어요.
"뮤이라는 거야. 잘 들어 봐."
"어? 어? 어?"
로이는 귀를 통해 들어오는 새로운 소리에 점점 눈이 커지면서 입이 벌어졌어요.

추운 겨울날 불붙은 난로 앞에 앉은 것처럼, 폭신폭신한 침대 속 이불 위에 누운 것처럼, 몸도 마음도 따뜻해지고 포근해지는 신기한 느낌이었어요.

"라리쉬모슈의 '멋진 세상'이라는 곡이야. 우리 레시 별에서는 유명한 작곡가야."

"곡? 작곡가?"

엘라의 눈이 하늘로 향했어요.

맑고 푸른 하늘에 뭉게구름이 두둥실 떠다녔어요.

"프룬 별! 살기 참 좋아. 레시 별과는 달리 숨쉬기도 편하고, 먼지도 없이 깨끗해. 또 먹을 것도 많아. 프룬 별에는 바나나가 많아서 정말 좋아. 레시 별에서는 구할 수 없었거든."

엘라의 말에 로이는 푸푸 웃었어요. 엘라가 바나나를 먹던 모습이 떠올랐기 때문이에요.

엘라는 뮤이에서 흘러나오는 곡을 가만히 듣다가 말했어요.

"그런데 프룬 별은 뭔가 이상해. 레시 별에는 있는데 프룬 별에는 없는 게 있어. 바로 이거야."

엘라의 말은 알쏭달쏭했어요.

인문철학 왕 되기

나누면 '내' 것이 줄어들까?

당연한 것 아닌가요? 내가 가진 걸 나누면 양은 줄어들 수밖에 없잖아요.

 레시 별 사람들이 프룬 별에서 살려면 당장 살 집이나 먹을 음식이 필요할 것 같아요.

 프룬 별 사람들이 투표로 레시 별 사람들을 돕기로 결정을 했구나. 그럼 이제 프룬 별에는 어떤 변화가 생겨날까?

 그러다 프룬 별 사람들까지 사정이 어려워질까 봐 걱정이에요.

 집이나 식량은 나누면 줄어들겠지. 그렇다면 나누어도 작아지지 않거나 심지어 더 커지는 것은 없을까?

 도와주면서 서로 신뢰도 더 커질 것 같아요. 토론을 하고 나면, 전보다 아는 것이 많아지는 것처럼요.

 나눌수록 더 커지는 건 소문 말고는 없을 것 같은데요.

나눔에도 배려가 필요해!

성악가 중 세계 3대 테너로 불리던 플라시도 도밍고와 호세 카레라스, 루치아노 파바로티. 이들 중 스페인 출신의 도밍고와 카레라스는 사이가 안 좋은 것으로 유명했단다. 스페인의 자치령에 속한 카탈루냐 지역 사람들은 정부에 끊임없이 독립을 요구했어. 스페인 중앙 정부가 있는 마드리드 지역 사람들은 이를 싫어했지. 마드리드 출신의 도밍고와 카탈루냐 출신의 카레라스 역시 서로를 탐탁하게 여기지 않았어. 그들은 세계를 순회하는 공연을 하면서, 서로 같은 무대에 서지 않겠다고 할 정도였지.

카레라스와는 한 무대에 설 수 없소.

VS

나도 마찬가지야! 공연을 안 하고 말지.

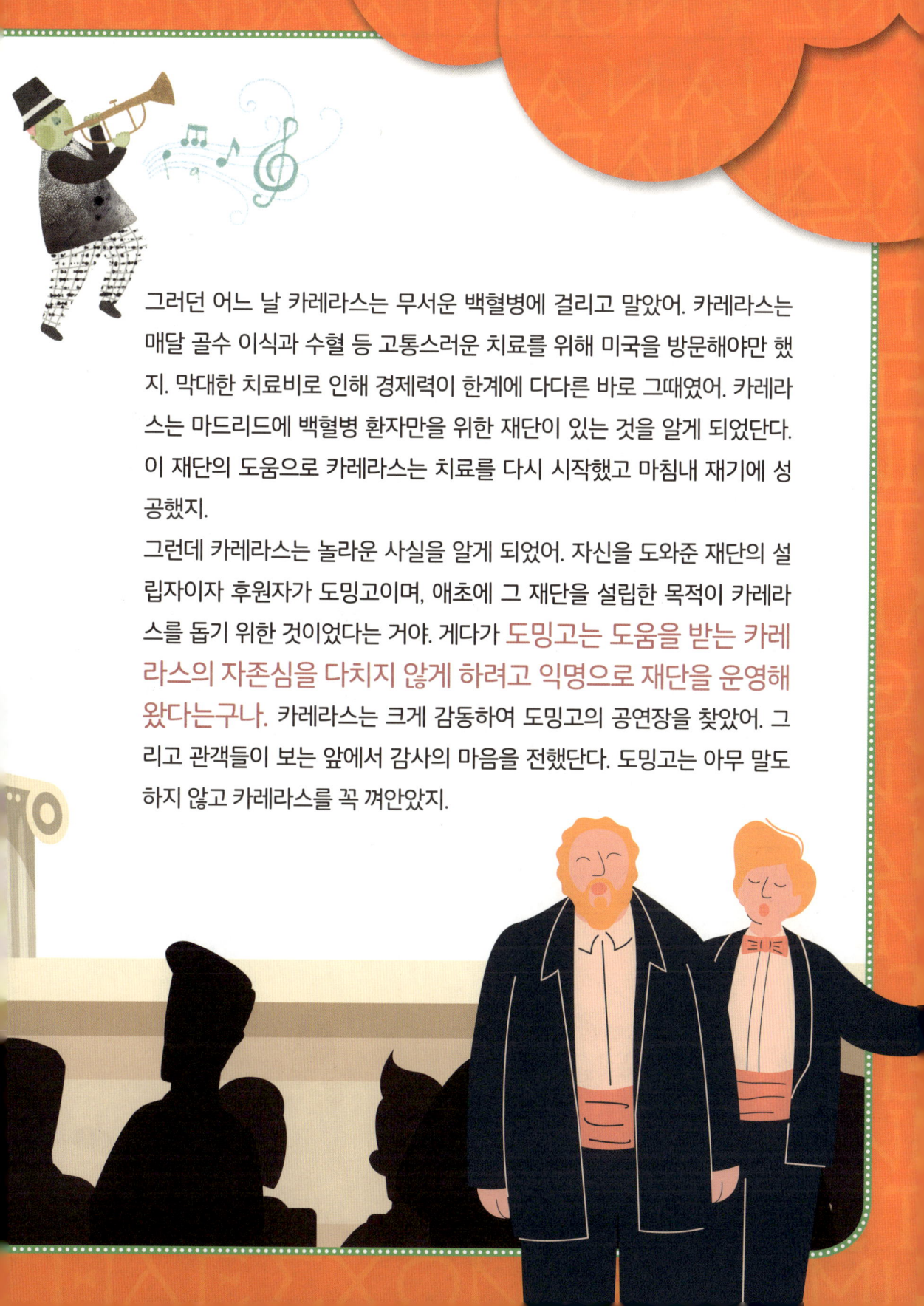

그러던 어느 날 카레라스는 무서운 백혈병에 걸리고 말았어. 카레라스는 매달 골수 이식과 수혈 등 고통스러운 치료를 위해 미국을 방문해야만 했지. 막대한 치료비로 인해 경제력이 한계에 다다른 바로 그때였어. 카레라스는 마드리드에 백혈병 환자만을 위한 재단이 있는 것을 알게 되었단다. 이 재단의 도움으로 카레라스는 치료를 다시 시작했고 마침내 재기에 성공했지.

그런데 카레라스는 놀라운 사실을 알게 되었어. 자신을 도와준 재단의 설립자이자 후원자가 도밍고이며, 애초에 그 재단을 설립한 목적이 카레라스를 돕기 위한 것이었다는 거야. 게다가 **도밍고는 도움을 받는 카레라스의 자존심을 다치지 않게 하려고 익명으로 재단을 운영해 왔다는구나.** 카레라스는 크게 감동하여 도밍고의 공연장을 찾았어. 그리고 관객들이 보는 앞에서 감사의 마음을 전했단다. 도밍고는 아무 말도 하지 않고 카레라스를 꼭 껴안았지.

최 부자의 나눔

경주 교촌에는 최 부잣집이 있어. 옛날에는 안채, 사랑채, 행랑채, 곳간 등이 있는 99칸 한옥이었어.

경주 최씨 13대 최진립 장군부터 시작된 최 부잣집의 선한 행동은 후손들도 이어받았지.

최진립 장군은 임진왜란과 병자호란 때 의병으로 활약한 *청백리 장군이야.

최진립 장군의 후손인 최국선 때는 재산이 많이 늘어났어. 그는 재산이 늘어나고 더 많은 땅을 가질수록, 소작료를 낮추고, 어려운 형편에 땅을 팔려는 사람들의 땅을 높은 가격으로 사 주었어.

*청백리: 재물에 대한 욕심이 없이 곧고 깨끗한 관리.

최 부잣집에는 7개의 곳간이 있었는데, 어려운 사람들을 돕는 데 곡식을 아끼지 않았지.

최 부잣집에서는 곡식을 빌려주고 빌렸다는 것을 종이에 써 두었어.

어느 날, 큰 흉년이 들면서 굶어 죽는 사람들이 많았어.

최 부자는 하인에게 당장 명령했어.

최 부자네는 매일같이 죽을 끓여 나눠 주었어. 이 소문이 퍼지고 퍼져, 멀리서도 배고픈 사람들이 몰려들었대.

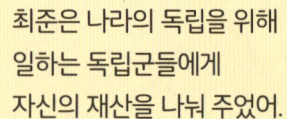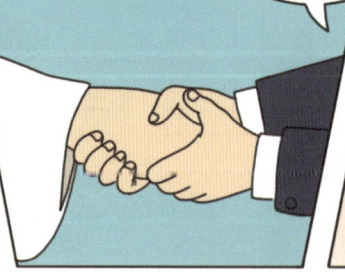

# 비밀의 문

일요일 아침, 로이는 재키네 집으로 향했어요. 며칠 후에 있을 재활용품 발명 대회를 같이 준비하기로 했거든요.

일요일 아침이라 거리엔 사람들이 많지 않았어요. 휴일이라 다들 늦잠이라도 자는 모양이에요.

거리는 줄 지어 서 있는 나무들이 숲을 이룬 것처럼 울창했어요. 푸른 잎사귀들 사이로 탐스러운 열매들이 주렁주렁 달려 있었어요. 프룬 별 곳곳에는 누구나, 언제라도 따 먹을 수 있도록 과일나무가 많았답니다.

재키네 집 근처까지 갔을 때예요.

'이 소리는?'

로이는 소리가 나는 집을 향해 성큼성큼 다가갔어요.

현관문 안에서 들리는 소리에 로이는 귀를 기울였어요.

집 안에서 흘러나오는 소리는 문득문득 멈추기도 했어요. 그러다 갑자기 화가 난 사람의 목소리가 집 밖으로 튕겨져 나왔어요.

"이건 싫어! 이걸로는 연주할 수 없다고. 레시 별에서 가지고 왔어야 해."

"우린 몸만 오기도 바빴어. 그나마 네가 이걸 챙기자고 해서 챙겨 온 거잖아. 그리고 뮤이로 들을 수 있는 것만으로도 얼마나 다행이니."

"엄마, 내 꿈은 피아니스트야. 그런데 여기 프룬 별에서는 할 수가 없어. 여기 사람들은 음악이라는 것도 몰라. 난 여기서 내 꿈을 이룰 수 없어. 답답해. 레시 별로 다시 가고 싶어."

"레시 별에서는 이제 더 이상 살 수 없어. 전부 잊었니? 그 아픈 기억을?"

한동안 아무 소리도 들리지 않았어요.

"…… 우리는 이곳에서 적응하며 살아가야 해. 우리가 레시 별에서 했던 나쁜 습관을 버려야 한다고. 오래전, 우리 레시 별에서는 프룬 별이 어려울 때 돕지 않았어. 그런데 프룬 별 사람들은 우리를 받아 주었고, 우리에게 아낌없이 주고 있어. 고마워해야 해."

"몰라 몰라! 이곳은 답답하고 심심하고 따분해."

그리고 그때, 닫혀 있던 문이 벌컥 열렸어요.

로이의 눈이 휘둥그레졌어요.

"엘라!"

"뭐야? 왜 우리 집 앞에 있는 거야?"

로이는 마치 나쁜 짓을 하다가 걸린 것처럼 당황했어요.
"아니, 저, 그게, 말이야."
로이는 뭐라고 말해야 할지 선뜻 떠오르지 않았어요.
"아니, 그게 아니고, 소리가 좋아서……."
로이와 엘라는 서로 마주 보며 한동안 말을 잇지 못했어요.

"그래, 너희 집에서 들려오는 소리가 너무 좋았어. 며칠 전에 네가 들려주었던 그 소리잖아."

엘라는 가만히 로이를 보았어요.

"난 재활용 발명품 대회를 준비하기 위해 재키 집으로 가는 길이었어."

로이는 하지 않아도 되는 말을 한 것 같았지만, 무슨 말이든 해야 할 것 같았어요.

"그래? 그럼 가던 길이나 가."

엘라는 툭 내뱉듯 말하고 로이를 지나쳐 가 버렸어요. 며칠 전, 로이에게 다정하게 말하던 엘라가 아니었어요.

'치, 엘라는 변덕쟁이야.'

로이는 입을 삐쭉댔지만, 저도 모르게 엘라 뒤를 천천히 따라갔어요. 낌새를 눈치챈 엘라가 뒤를 돌아보며 버럭 소리 질렀어요.

"너 왜 나를 졸졸 따라오는 거야?"

로이는 순간, 저 멀리에서 걸어오는 재키를 보고는 말했어요.

"재키네 집에 가는 거야."

엘라는 멋쩍은지 더 이상 말을 하지

않고 그냥 휙 뒤돌아서 걸었어요.

"로이!"

마침, 재키가 로이를 부르며 다가왔어요.

"아, 엘라……도 있었네."

재키는 엘라에게 퉁명스럽게 굴었어요.

로이는 재키 팔을 잡아끌며 재키 집으로 향하려고 했어요.

"잠깐!"

엘라가 로이와 재키를 멈춰 세웠어요.

"나도 끼어 줘."

엘라가 당당하게 말했어요. 로이와 재키는 서로 마주 보며 황당해했어요.

"너 재활용이 뭔지는 아니?"

재키가 비웃듯 물었어요.

"알아!"

로이가 눈을 휘둥그레 뜨고 엘라가 할 다음 말을 기다렸어요. 엘라가 재활용을 아는 줄은 정말 몰랐거든요.

"너희 프룬 별 사람들이 잘하는 거잖아."

재키는 어깨를 으쓱하며 어이없어 했어요.

"둘보다는 셋이 낫겠지. 그래, 함께하자."

로이의 말에 재키는 못마땅해하며 앞서 걸었어요. 로이와 엘라는 잰걸음으로 재키를 따라갔고요.

재키네 집 앞마당은 이미 여러 물건들로 어질러져 있었어요.

엘라는 주변을 두리번거리며 얼굴을 찌푸렸어요. 그 모습을 얼핏 살핀 재키가 퉁명스럽게 말했어요.

"하기 싫으면 안 해도 돼."

엘라가 재키를 향해 눈을 흘기며 아무 말도 안 했어요.

로이와 재키는 머리를 맞대고 재활용 발명품 연구를 시작했어요. 물건들을 서로 연결하기도 하고, 자르기도 하고, 쌓기도 하면서 여러 가지를 시도해 봤어요. 엘라는 로이와 재키가 하는 말들을 빠짐없이 기록하는 일을 맡았답니다.

어느새 로이와 재키, 엘라의 콧잔등에 땀이 송골송골 맺혔어요.

"아, 오늘 유난히 덥네. 좀 쉬었다가 하자."

재키가 바닥에 철퍼덕 앉으며 말했어요.

"와! 너 꼼꼼하구나. 우리의 생각들을 이렇게 정리해 놓다니."

로이가 엘라가 적어 놓은 글을 보면서 놀라워했어요.

엘라는 어깨를 으쓱해 보였어요.

"참, 너희들, 이게 뭔지 아니?"

엘라는 갑자기 메고 있던 가방을 열어서 둘둘 말려 있던 물건 하나를 꺼냈어요. 둘둘 말았던 것을 쭉 펴자, 검고 하얀 막대기가 수십 개 촘촘하게 채워진 물건이 나왔어요.

엘라가 손가락 끝으로 그것을 살짝 눌렀어요.

"띠링!"

로이와 재키는 처음 들어 보는 소리였어요. 호기심에 로이와 재키의 눈이 반짝였어요.

"하얀색 건반, 검은색 건반을 누르면서 연주를 하는 거야."

엘라는 숨을 길게 내뱉고는 두 손가락 끝으로 건반을 누르기 시작했어요. 엘라의 손끝은 마치 나비가 내려앉은 듯 하얗고 검은 건반 위에서 춤을 췄어요.

"레시 별 작곡가 잭 와그너의 '다시 찾은 기쁨'이란 곡이야."

한참 동안 건반과 하나가 되었던 엘라가 연주를 멈추고 말했어요.

"시냇물 흐르는 소리나 깊은 숲속에서 부는 바람 소리처럼 들리니까 기분이 저절로 좋아져. 엘라가 무슨 마법을 부린 것 같아."

로이가 즐거워하며 말했어요.

"발명품 만드느라 힘들었는데, 갑자기 힘든 게 사라졌어."

재키도 놀라워하며 말했어요.

엘라는 어깨를 으쓱했어요.

"이거 한번 눌러 볼래?"

엘라는 자신이 가지고 있던 것을 내밀었어요.

엘라가 가르쳐 주는 대로 로이와 재키는 건반을 눌러 보았어요.

똑같은 하얀색 건반이고 검정색 건반인데 신기하게도 각각 다른

소리를 냈어요.

"와! 신기해."

로이와 재키는 한목소리로 말했어요.

"레시 별 사람들 누구나 연주할 수 있어. 거리 곳곳에서 연주하는 사람들도 많았지."

엘라는 한숨을 푹 내쉬며 말을 이었어요.

"그림도 있어. 레시 별에는 유명한 화가도 많아. 화가들이 다양한 방법으로 그림을 그리고 전시회도 많이 했어. 레시 별은 집 근처 곳곳에 음악과 미술을 직접 할 수 있는 곳이 있었고, 감상할 수 있는 곳도 많았어."

엘라는 얼굴이 환하게 밝아지면서 꿈꾸는 듯한 눈빛으로 말했어요. 엘라의 이야기에 로이와 재키는 레시 별이 궁금해졌어요.

"레시 별에서는 음악이나 운동, 미술 등을 하면서 많은 시간을 보냈어. 일하는 것보다 즐거움을 찾는 데 더 많은 시간을 보냈지. 그러다 일하는 사람들은 사라지고 즐거움만 찾는 사람들이 늘어나니, 레시 별이 그렇게 된 거야."

엘라는 시무룩해졌어요.

"레시 별 사람들은 즐거웠겠다. 이런 음악을 듣고 연주할 수 있어서."

로이가 부러운 듯 말했어요.

"너희들, 혹시 이 악기 연주하는 방법을 알려 줄까?"

엘라의 말에 로이와 재키가 고개를 마구 끄덕였어요.

그날 저녁, 아버지는 골똘히 뭔가를 생각하고 있었어요.

로이는 아버지한테 다가가 말했어요.

"아빠, 저, 오늘 낯선 경험을 했어요."

로이의 말에 아버지는 호기심 어린 표정과 함께 눈썹을 치켜올렸어요.

"우리 반에 레시 별에서 온 엘라가 있는데, 오늘 아름다운 소리를 들려줬어요. 글쎄, 소리를 낼 수 있는 악기가 있더라고요. 손가락 끝으로 하얗거나 검은 건반을 누르면 아름다운 소리가 났어요."

아버지의 눈이 점점 커졌어요.

"엘라가 시간이 될 때마다 저와 재키에게 그 악기를 연주하는 방법을 가르쳐 주기로 했어요."

아버지가 한결 밝아진 얼굴과 목소리로 말했어요.

"엘라가 아주 멋진 일을 했구나. 너희들 덕분에 좋은 생각이 떠올랐단다."

로이는 얼떨떨해하면서 뒷머리를 긁적였어요. 어쨌든 아버지의 고민을 덜어 드린 것 같아 기분이 좋아졌지요.

얼마 후, 프룬 별에서는 긴급 발표가 있었어요.

"여러분, 프룬 별 사람들과 레시 별 사람들이 더불어 같이 살아가는 방법을 찾았습니다. 레시 별에서 온 사람들이 우리가 잊고 있었던 것들을 되찾아 줄 수 있습니다."

프룬 별 대표의 말에 모두들 어리둥절해했어요.

나이가 지긋한 할아버지, 할머니들은 가만히 눈을 감으며 끄덕였어요.

"70여 년 전, 우리 프룬 별은 사람이 도저히 살 수 없는 곳이었습니다. 하루하루 살아가는 일이 가장 중요한 상황이었습니다. 우리 할아버지, 할머니, 아버지, 어머니들은 그때 결정을 내릴 수밖에 없었습니다."

사람들은 모두 호기심 어린 눈으로 지켜보았어요.

"우리 프룬 별의 비밀의 문을 열려고 합니다."

사람들 모두 당황해하며 웅성댔어요.

그때, 화면이 켜졌어요. 아주 오래된 화면인 듯 찌직거리기도 했고, 깜빡이기도 했어요.

온통 쓰레기로 뒤덮인 곳에서 굶주려 쓰러져 있는 사람들이 화면에 나왔어요.

"지금 우리 프룬 별은 살기 위해 많은 것들을 포기해야 합니다. 그중 우리가 즐겼던 음악, 미술 등의 예술과 관련된 일들은 이 공간에 넣어 두려고 합니다."

화면에는 커다란 공간에 여러 가지 물건들을 차곡차곡 집어넣는 장면이 펼쳐졌어요. 또한 음악가와 화가의 인터뷰가 이어졌어요.

"지금 우리의 일들을 접어 두고 후손들이 살아갈 수 있는 환경을 만드는 일에 힘써야 합니다."

"먼 훗날, 이곳에 넣어 두었던 것들을 다시 꺼낼 날이 분명 올 것입니다."

영상이 꺼지고 프룬 별 대표가 다시 등장했어요.

"70여 년 전 자료 화면입니다. 그때, 우리 조상들은 살기 위해 많은 것들을 포기했습니다. 레시 별에서 온 사람들은 우리가 잊고 있었던, 잃어버렸던 즐거움과 감동을 되찾아 줄 수 있습니다. 레시 별 사람들에게 도움을 요청합니다."

나눔은 꼭 해야 하는 의무일까?

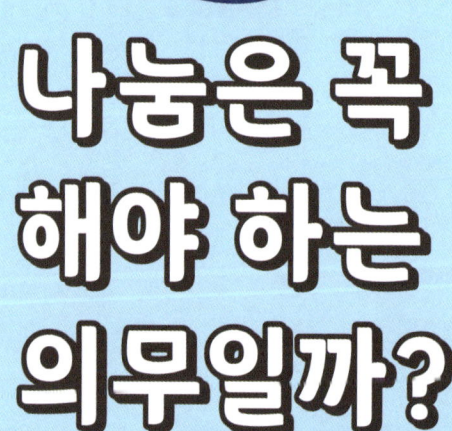

우리가 조금만 관심을 가지면 어려운 사람에게 큰 도움이 될 수 있어요. 의무감을 가져야 하지 않을까요?

레시 별 사람들과 프룬 별 사람들이 서로 잘 지내서 다행이구나. 서로 무엇을 나누어 준 것 같니?

레시 별에서 온 엘라는 이제 재활용 방법을 배웠으니 프룬 별 아이들과 더 이상 다투지 않을 것 같아요.

엘라는 프룬 별 아이들이 알지 못한 예술을 알려 주었어요.

그런데 나눔은 하고 싶은 사람만 하면 되는 걸까요? 또는 누구나 가져야 할 의무일까요?

당연히 하고 싶은 사람만 하는 거지. 나눔이 의무라면 세금과 무엇이 달라?

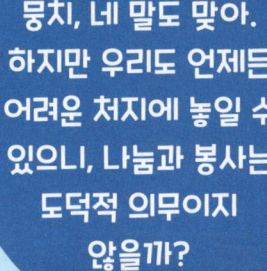

뭉치, 네 말도 맞아. 하지만 우리도 언제든 어려운 처지에 놓일 수 있으니, 나눔과 봉사는 도덕적 의무이지 않을까?

부자는 세금을 더 많이 내야 할까?

대략 6개월 동안 82경기를 치르는 한 시즌에 약 600억 원이 넘는 돈을 받았던 미국의 프로 농구 선수 마이클 조던을 아니?

그만큼 돈을 많이 벌었으니 가난한 사람을 돕기 위해 세금을 더 내는 게 맞을까?

실제로 '소득세'는 번 만큼 매기는 세금을 말한단다. 돈을 많이 벌면, 그만큼 세금도 많이 내야 하는 거야. 이 때문에 '소득세'를 찬성하는 사람이 많아. 마이클 조던 같은 사람에게 세금을 많이 받아서 형편이 어려운 사람에게 혜택이 많이 돌아가면 행복해지는 사람이 더 많아질 테니까 말이야.

하지만 이 세금을 반대하는 사람도 있어. 돈을 많이 벌었다는 이유만으로 세금을 많이 내라는 것은 옳지 않다는 거지. 다른 사람의 권리를 침범하지 않고 내가 열심히 일해서 번 돈인데, 왜 세금을 더 내야 하냐며 항의하는 거야.
하지만 많은 나라에서 이 소득세를 실시하고 있지. 너희들 생각은 어떠니?

마이클 조던의 재능과 기술은 모두 마이클 조던 거예요. 더 많은 세금을 내라는 것은 그 재능을 사회가 갖는 것 아닌가요?

부자에게 별것 아닌 푼돈이 가난한 사람에게는 꼭 필요한 돈이 될 수 있어요. 세금은 그런 이유 때문에 걷는 거 아니에요?

우주 연결자

마침내 비밀의 문이 열리는 날이었어요.

"띠띠띠, 띠띠띠."

번호를 누르자, '철커덩' 소리를 내며 문이 열렸어요.

로이뿐 아니라 반 아이들 모두 눈 한 번 깜빡이지 않고 지켜보았어요.

어두컴컴하던 비밀의 문 안에 불이 켜졌지만, 먼지로 가득 차 있어서 아무것도 보이지 않았어요. 먼지를 빨아들이는 기계가 윙윙 요란한 소리를 내며 돌아가자, 하나둘 물건들이 드러났어요.

로이네 반 아이들 중 푸른 별 아이들은 낯선 물건에 어리둥절했어요.

"와! 피아노야."

엘라는 기뻐하며 손뼉을 쳤어요.

"와! 저건 유명한 화가 모리네 작품인데!"

매트도 흥분된 목소리로 말했어요.

프룬 별 사람들과 레시 별 사람들 모두 입이 떡 벌어져 쉽게 다물어지지 않았어요.

"저 피아노는 조율을 해야겠어."

레시 별에서 온 피아노 조율사가 빙그레 웃으며 손가락을 움직였어요.

"세상에! 저 위대한 화가의 작품을 내가 직접 볼 수 있게 될 줄이야!"

레시 별에서 온 미술 평론가는 기쁨을 감추지 못했어요.

비밀의 문 안에 있던 악기들은 레시 별 사람들이 수리를 했어요. 그림들은 전시회에 걸릴 수 있도록 밖으로 꺼냈어요.

비밀의 문이 열린 이후로 프룬 별 곳곳에서는 공사가 한창이에요. 음악회가 열리고, 미술 전시회가 열리는 공간을 만들고 있거든요.

　레시 별에서 온 사람들은 자신들이 잘하는 일들을 찾아 너도나도 나섰어요.
　"우리에게 이렇게 기회를 준 프룬 별 사람들에게 보답을 해야겠어요."
　"맞아요. 우리가 알고 있는 것들을 프룬 별 사람들에게 나눠 주도록 합시다."
　프룬 별 어느 곳에서나 음악 소리가 들렸어요. 발 디디는 곳곳에 다양한 그림들이 그려졌어요.
　사람들은 음악을 들으면서, 그림을 감상하면서 슬펐던 마음을

위로받았어요. 또 여유로운 마음을 갖고 시간을 보낼 수도 있게 되었어요.

레시 별 사람들은 프룬 별 사람들에게 노래를 가르쳐 주고, 악기 연주법을 가르쳐 주었어요. 그림을 그려 주기도 하고, 그림 그리는 방법을 알려 주기도 했어요.

"레시 별 사람들 덕분에 신세계를 경험하는구먼."

"그러게. 일하기에만 바빴던 내가 육십이 다 되어 그림을 그리는 것에 흥미를 느낄 줄은 꿈에도 몰랐어. 나도 멋진 그림을 그려서 사람들에게 희망을 줄 거야."

프룬 별 사람들은 레시 별 사람들에게 고마움을 느꼈어요.

"이제 아이들한테도 악기 연주와 음악 감상법을 알려 주도록 합시다."

레시 별에서 음악을 가르쳤던 사람들이 나섰어요.

"그림 그리기와 작품 감상법도 알려 주고요."

화가이면서 미술을 가르치던 사람들이 학교에 왔어요.

프룬 별 아이들과 레시 별 아이들은 꿀벌을 맞이하는 들판의 꽃들처럼 설레었어요.

학교 수업 시간표에는 음악과 미술이라는 새로운 과목이 채워졌어요. 이 때문에 아이들은 장래 희망이 바뀌기도 했답니다.

프룬 별 사람들과 레시 별 사람들이 함께 어우러지면서 평화를 찾아 가던 어느 날이었어요.

"엘라, 네 얼굴이 이상해."

로이가 당황스러워하며 소리쳤어요.

엘라의 커다란 눈이 점점 감기더니 옆으로 푹 쓰러지지 뭐예요!

그때였어요.

"매트!"

재키가 소리치며 쓰러지는 매트를 잡았어요.

엘라와 매트는 들것에 실려 병원으로 향했어요.

그리고 그날 밤 레시 별에서 온 음악 선생님, 미술 선생님, 레시 별에서 온 다른 반 아이들도 쓰러져 병원에 입원했다는 소식이 전해졌어요.

"뉴스 속보를 말씀드리겠습니다. 지금 원인 모를 병으로 레시 별에서 온 사람들이 쓰러지고 있습니다. 아직 정확한 병명은 나오지 않은 상태입니다."

텔레비전 뉴스에서는 연이어 속보를 전했어요.

몇 주가 지나도록 레시 별 사람들은 낫지 않았어요.

"우리 매트와 엘라를 위해 무엇인가를 해 주자."

로이의 말에 반 아이들 모두 한마음이 되었어요.

학교 수업이 끝나면 누가 먼저랄 것도 없이 모여서 머리를 맞댔어요. 매트가 좋아하는 그림을 그리기도 하고, 엘라가 즐겨 부르는 노래를 부르기도 했어요. 아이들은 매트와 엘라를 위한 기도를 드리기도 했어요.

얼마 후, 매트와 엘라가 몸이 많이 회복되었다는 소식이 전해졌어요.

아이들은 매트와 엘라를 보기 위해 병원에 갔어요. 휠체어에 앉은 매트와 엘라를 본 아이들은 가슴이 아팠어요.

"매트, 엘라! 우리가 너희들을 위해 준비했어."

로이가 큰 소리로 말했어요.

매트와 엘라는 어리둥절해하며 아이들을 보았어요.

아이들은 등 뒤에 감추고 있던 것을 매트와 엘라 앞에 꺼내 활짝 펼쳤어요.

매트와 엘라가 웃고 있는 모습, 프룬 별에서 뛰어노는 매트와 엘라, 그림을 그리는 매트, 피아노를 치는 엘라, 프룬 별 아이들과 함께 뛰고, 함께 노는 모습이었어요. 그림 속에서는 건강하게 웃고 있는 매트와 엘라였어요.

로이는 병원에 있는 피아노에 성큼성큼 다가갔어요. 긴 숨을 들이마셨다가 내쉬며 손가락을 건반 위에 올려놨어요.

로이가 건반을 누르자, 아이들이 노래를 부르기 시작했어요.

"우리는 친구, 친구야, 보고 싶었어. 우리는 친구, 언제나, 어디서나 친구야."

노래를 부르는 아이들도, 노래를 듣고 있는 매트와 엘라도 눈가가 촉촉하게 젖었어요.

그림을 그리고, 노래를 불렀을 뿐인데, 아이들 모두 가슴속이 따뜻해졌어요.

그날 저녁, 로이의 가족들이 모였어요.

"오늘 매트와 엘라를 만나러 병원에 갔어요."

"그래? 아이들은 어떠니?"

엄마는 걱정이 가득 담긴 목소리로 물었어요.

"매트를 위해 그림을 그렸고, 엘라를 위해 피아노를 치며 노래를 불렀을 뿐인데……. 모두 함께 행복한 감정을 경험할 수 있다는 게 참 신기했어요."

로이는 밝은 표정을 지으며 말했어요.

"내가 처음에 레시 별 사람들이 프룬 별에 오는 걸 반대했던 일을 후회했어. 우리만 레시 별 사람들에게 나눠 준 게 아니었어. 레시 별 사람들이 우리에게 준 건 더 큰 거야."

세라는 학교에서 레시 별 친구들에게 받았던 감동적인 경험을 이야기했어요.

가만히 듣고 있던 아버지가 헛기침을 하며 말했어요.

"그래, 처음에 우리가 그들에게 살 곳을, 먹을 것을 나눠 준다고 했을 때, 프룬 별을 지켜야 하는 나 자신조차도 걱정했었단다. 자칫 우리 프룬 별 사람들에게 피해를 입히는 게 아닌가 싶었어. 그런데 나누면서 기쁨을 느꼈고, 그들에게서 우리는 더 큰 행복을 얻을 수 있었어. 여러 과학자들과 의사들이 레시 별 사람들이 아픈 이유를 드디어 밝혀냈단다."

"정말이요? 다행이에요."

아버지는 잠시 로이를 보다가 말을 이었어요.

"레시 별 사람들은 레시 별로 가야만 해."

로이의 눈이 커지며 대뜸 소리쳤어요.

"왜요? 왜 가야 하죠?"

"레시 별 사람들이 아픈 원인은 바로 프룬 별과 레시 별의 환경이 많이 달랐기 때문이야. 레시 별과 태양의 거리는 프룬 별과 태양의 거리와 달라. 조사 결과에 의하면 프룬 별 사람들은 레시 별의 환경에 적응을 할 수 있대. 하지만 레시 별 태양의 온도에 맞춰 몸이 적응되었던 레시 별 사람들은 프룬 별의 태양 아래에서는 오래 살 수가 없다는구나."

가만히 듣고 있던 세라가 대뜸 말했어요.

"레시 별은 사람들이 살 수 없는 곳이 되었잖아요. 그곳에 어떻게 다시 갈 수 있나요?"

아버지는 세라를 향해 고개를 끄덕이며 말했어요.

"맞아. 레시 별은 사람이 살 수 없는 환경이야. 그래서 우리 프룬 별 사람들이 도와주기로 했어. 프룬 별을 다시 일으켜 세운 것처럼 레시 별을 다시 세울 수 있어. 그래서 말인데……."

아버지는 엄마와 눈을 마주쳤어요.

엄마가 로이와 세라를 부드러운 눈으로 바라보며 말했어요.

"너희들만 허락한다면, **우리 가족이 레시 별 사람들을 돕는 일에 함께했으면 해.** 아빠는 환경 전문가잖아. 엄마는 식물을 연구하는 사람이고. 우리 가족이 함께 레시 별을 다시 만들

어 보는 거야. 몇 달이 걸릴지, 몇 년이 걸릴지 몰라. 하지만 분명 긴 시간이 필요하진 않을 거야. 해 봤으니까. 또 우리 것을 나누게 되니까 줄어들기도 했지만, 레시 별에서 나눠 준 것으로 오히려 우리 행복이 늘어났잖아. 우리도 그들에게 나눠 줘도 늘어나는 일을 해 주고 싶다."

로이와 세라는 서로 얼굴을 마주 보며 고개를 끄덕였어요.

아빠와 엄마는 세라와 로이를 가만히 안아 주었어요.

프룬 별 사람들은 바빠지기 시작했어요.

많은 환경 전문가와 기술 연구원들, 또한 자원봉사자들도 레시 별을 돕는 팀에 지원했어요. 레시 별을 가기 위한 프룬 별 사람들의 준비는 순조롭게 진행되었어요.

프룬 별 사람들이 레시 별에 살면서 먹을 식량과 깨끗한 공기를 들이마실 수 있는 공기 팩, 그리고 여러 가지 필요한 것들이 차곡차곡 우주선에 실렸어요. 선발대로 출발한 사람들은 시시각각 레시 별의 상황을 전해 주었어요.

로이네 가족이 출발할 날이 점점 다가왔어요.

로이는 엘라에게 인사를 하기 위해 병원에 갔어요.

"소식 들었어. 너도 우리 별에 가기로 했다는 거."

"어? 어떻게 알았어?"

"우리 엄마가 말씀해 주셨어. 너희 아빠도, 엄마도 레시 별을 다시 살리기 위해 꼭 필요한 분들이라는 것도. 정말 고마워."

로이는 뒷머리를 긁적이며 멋쩍어 했어요.

"몇 달이, 몇 년이 걸릴지 모른대. 하지만 예전의 레시 별로 만들 수 있을 거래."

엘라는 작은 상자를 꺼냈어요.

로이는 얼떨결에 엘라가 건네준 상자를 받았어요.

"너에게 주고 싶어. 열어 봐."

로이는 상자를 열어 보았어요. 엘라가 로이 귀에 꽂아 주었던 뮤이였어요.

"이건, 네가 제일 소중하게 여기는 거잖아."

엘라는 가만히 고개를 끄덕였어요.

"로이, 레시 별을 부탁해."

"내가 어떤 일을 할 수 있을지 모르겠지만, 아빠, 엄마를 열심히 도울 거야."

"응, 고마워. 그리고 로이……."

엘라는 숨을 몰아쉬며 말을 이었어요.

"나한테 물은 적이 있었지? 메시지를 보낸 게 내가 아니냐고, 또 우주선에서 처음 내린 아이가 나 아니냐고."

로이는 갑작스런 엘라의 말에 고개를 끄덕였어요.

엘라는 창밖으로 눈을 돌렸어요.

"메시지를 보낸 사람은 내 쌍둥이 언니야. 우주선에서 처음 내린 사람은 나였고. 우리 언니는 그 메시지를 보내고 며칠 후에 하늘나라로 갔어."

로이는 아무 말도 하지 못했어요.

"나 언니가 보고 싶어. 레시 별로 가서 언니를 만나고 싶어."

로이를 쳐다보던 엘라 눈에서는 금방이라도 눈물이 떨어질 것 같았어요. 로이는 아무 말도 하지 못하고 엘라 손을 꼭 잡아 주었답니다.

마침내 로이 가족이 레시 별로 가는 날이에요.

"아빠, 저 새로운 꿈을 꾸려고요."

아버지는 부드러운 눈빛으로 로이를 바라보았어요.

"우주에 있는 모든 별들은 환경이 다르고 살아가는 방식이 달라요. 자원이나 식량 등이 부족한 별이 있으면, 넘치는 별들도 있어요. 환경이 좋은 곳이 있으면 나쁜 곳도 있겠죠. 모든 별들이 교류를 하면서 무역을 하게 되면 불평불만을 쏟아 낼 수 있어요. 저는 그 사이에서 원만하게 일이 해결될 수 있도록 돕고, 서로를 연결해 주는 사람이 되고 싶어요."

로이의 눈이 유난히 반짝였어요. 우주의 가장 빛나는 별이 된 프룬 별처럼요.

아버지는 로이의 반짝이는 눈에서 10년 후, 20년 후의 밝은 우주 모습을 보았답니다.

만일 나라면?

내 주변에는 어려운 사람이 없어서 나눔을 할 필요가 없어. 내가 제일 가난해. 용돈이 금방 떨어진다고.

나눔은 꼭 돈이나 물건이 아니어도 된단다. 동화 속 주인공들처럼 자신의 재능을 나누어 줄 수도 있고 마음도 나눌 수 있지.

뭉치 너, 그거 진짜 어려운 사람한테 실례되는 말인 거 알아?

그래, 뭉치야. 그건 네가 용돈을 아껴 쓰지 않아서 생기는 어려움이잖아.

누군가에게 나의 것을 나눔하고 싶을 때, 무엇을 나눌 수 있는지 적어 볼까?

무엇을 나눌 것인가?

_____

_____

어디서 누구를 위해 봉사할 것인가?

_____

_____

 어른이 되었을 때 자신만의 일 또는 능력으로 세상에 나눌 수 있는 것이 있다면, 그게 무엇일까?

내가 어른이 되어서 나눌 수 있을 것 같은 능력이나 재능

_____

_____

 창의활동

나눔을 주제로 한 광고 포스터 만들기

'나눔'과 '배려'를 주제로 공익 광고 포스터를 만들어 보려고 해요. 자료를 찾아 표어를 정하고 그림도 그려 보세요.

준비물
컴퓨터, 스케치북 또는 A4 종이, 풀, 가위, 테이프, 색깔 펜

만드는 방법

❶ '나눔'과 '배려'라는 키워드로 다양한 이미지를 검색해 보렴.

❷ 집에 있는 잡지 중에서 인상 깊었던 광고를 찾아봐도 돼.

❸ 여러 방법을 통해 찾은 자료를 가지고, 어떤 내용을 담을 것인지 종이에 스케치 해 봐.

❹ 표어가 먼저 나와도 좋고, 인상 깊은 장면을 담은 그림을 먼저 그려도 돼.

❺ 기존 공익 광고는 참고하되, 똑같이 그리면 안 된다는 것은 알고 있지?

일단 이곳에 어떻게 구성할지 스케치 해 본 후, 스케치북에 제대로 그려 보렴.

200만 부 판매 돌파!

AI 시대 미래 토론

 한국디베이트협회
 서울시 교육청 추천도서
 2017 세종도서 교양부문
 2012 문화체육관광부 우수교양도서
 미래창조과학부인증우수과학도서 2018
 책나라
 2016년 우수건강도서

✓ 뭉치북스가 만든 국내 최초 토론책!   ✓ 초등 국어
✓ 한국디베이트협회와 교

01 함께 사는 로봇	12 과학 Cook! 문화 Cook! 음식의 세계	23 생태계의 파괴자? 외래 동식물	33 얼마나 작아질까? 어디까지 발달할까? 나노 기술과 첨단 세계
02 원시인도 모르는 공룡	13 과학을 훔친 수상한 영화관	24 콸콸콸~ STOP!!! 우리나라도 위험해요. 소중한 물	34 찾아라! 생명체가 살 수 있는 또 다른 별, 제2의 지구
03 더 멀리 더 높이 더 빨리 스포츠 과학	14 끝없이 진화하는 무서운 전염병	25 오늘도 나쁨! 작아서 더 무서운 미세먼지	35 배울수록 더 강해지는 인공 지능
04 까만 우주 속 작은 별	15 지구 온난화와 탄소배출권	26 식량 위기에서 인류를 구할 미래 식량	36 창조론이냐? 진화론이냐? 다윈이 들려주는 진짜진짜 진화론
05 노벨도 깜짝 놀란 노벨상	16 먹을까? 말까? 먹거리 X파일	27 썩지 않는 플라스틱! 지구와 인간을 병들게 하는 환경 호르몬	37 모두모두 소중한 생명! 멈춰요 동물 실험
06 지켜라! 멸종 위기의 동식물	17 우리 몸을 흐르는 피와 혈액형	28 나와 똑같은 또 다른 나, 인간 복제	38 유해할까? 유용할까? 생활 속 화학 물질
07 도로시의 과학 수사대	18 진짜? 가짜? 가상현실과 증강현실	29 미래의 디지털 첨단 의료	39 46억 년의 비밀, 생명을 살리는 지구
08 살아 있는 백두산	19 두근두근 신비한 우리 몸속 탐험	30 땅속 보물을 찾아라! 지하자원과 희토류	40 과학자가 가져야 할 덕목, 과학자 윤리와 책임
09 콜록콜록! 오늘의 황사 뉴스	20 우리를 위협하는 자연재해	31 농사일부터 우주 탐사까지, 미래는 드론 시대	
10 맛! 이런 발명가, 왜! 저런 발명품	21 봄? 가을? 경계가 모호해지는 사계절	32 알쏭달쏭 미지의 세계, 뇌	
11 아낄수록 밝아지는 에너지	22 세균과 바이러스 꼼짝 마! 약과 백신		

이 공부다!

인재를 위한 교과서

과학토론왕
과학토론왕 40권 + 독후활동지 40권
전 80종 / 정가 580,000원

사회토론왕
사회토론왕 40권 + 독후활동지 40권
전 80종 / 정가 580,000원

- 한우리 추천도서
- 경향신문 추천도서
- 경기도 초등토론 교육연구회 추천
- 경기도 지부 독서 골든벨 선정도서
- 환경정의 어린이 환경책 권장도서
- 한국 아동문학인협회 우수도서
- 학교도서관 사서협의회 추천도서

서 선정 도서! ✓활용 만점 독후 활동지 각 권 제공!
문가들이 강력 추천한 책!

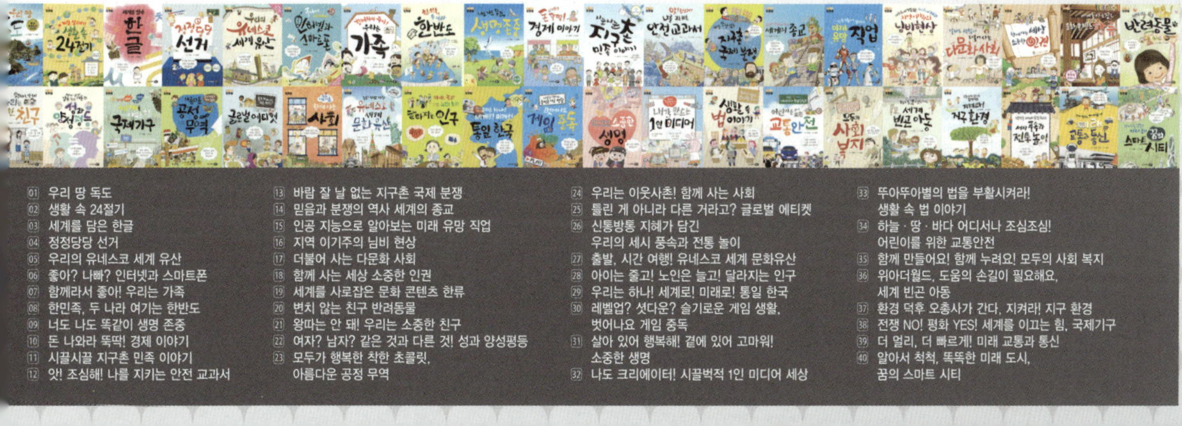

01 우리 땅 독도
02 생활 속 24절기
03 세계를 담은 한글
04 정정당당 선거
05 우리의 유네스코 세계 유산
06 좋아? 나빠? 인터넷과 스마트폰
07 함께라서 좋아! 우리는 가족
08 한민족, 두 나라 여기는 한반도
09 너도 나도 똑같이 생명 존중
10 돈 나와라 뚝딱! 경제 이야기
11 시골시골 지구촌 민족 이야기
12 앗! 조심해! 나를 지키는 안전 교과서
13 바람 잘 날 없는 지구촌 국제 분쟁
14 믿음과 분쟁의 역사 세계의 종교
15 인공 지능으로 알아보는 미래 유망 직업
16 지역 이기주의 님비 현상
17 더불어 사는 다문화 사회
18 함께 사는 세상 소중한 인권
19 세계를 사로잡은 문화 콘텐츠 한류
20 변치 않는 친구 반려동물
21 왕따는 안 돼! 우리는 소중한 친구
22 여자? 남자? 같은 것과 다른 것! 성과 양성평등
23 모두가 행복한 착한 초콜릿, 아름다운 공정 무역
24 우리는 이웃사촌! 함께 사는 사회
25 틀린 게 아니라 다른 거라고? 글로벌 에티켓
26 신통방통 지혜가 담긴 우리의 세시 풍속과 전통 놀이
27 출발, 시간 여행! 유네스코 세계 문화유산
28 아이는 줄고! 노인은 늘고! 달라지는 인구
29 우리는 하나! 세계로! 미래로! 통일 한국
30 레벨업? 셧다운? 슬기로운 게임 생활, 벗어나요 게임 중독
31 살아 있어 행복해! 곁에 있어 고마워! 소중한 생명
32 나도 크리에이터! 시끌벅적 1인 미디어 세상
33 뚜아뚜아별의 법을 부활시켜라! 생활 속 법 이야기
34 하늘·땅·바다 어디서나 조심조심! 어린이를 위한 교통안전
35 함께 만들어요! 함께 누려요! 모두의 사회 복지
36 위아더월드, 도움의 손길이 필요해요, 세계 빈곤 아동
37 환경 덕후 오충사가 간다, 지켜라! 지구 환경
38 전쟁 NO! 평화 YES! 세계를 이끄는 힘, 국제기구
39 더 멀리, 더 빠르게! 미래 교통과 통신
40 알아서 척척, 똑똑한 미래 도시, 꿈의 스마트 시티

경기도 사서협의회 추천도서 한국교육문화원 추천도서 아침독서 추천도서

100만 부 판매 돌파!

수학이 쉬워지고, 명작보다 재미있는
뭉치수학왕

정부 기관 선정 우수 도서상을 많이 수상한 믿을 수 있는 시리즈!

뭉치 수학왕 시리즈는 미래의 인재로 키워 줌

"인공지능(AI) 시대의 힘은 수학에서 나온다!"

개념 수학

〈수와 연산〉
1 양치기 소년은 연산을 못한대
2 견우와 직녀가 분수 때문에 싸웠대
3 가우스, 동화 나라의 사라진 0을 찾아라
4 가우스는 소수 대결로 마녀들을 물리쳤어
5 앨런, 분수와 소수로 악당 히들러를 쫓아내라
6 약수와 배수로 유령 선장을 이긴 15소년

〈도형〉
7 헨젤과 그레텔은 도형이 너무 어려워
8 오일러와 피노키오는 도형 춤 대회 1등을 했어
9 오일러, 오즈의 입체도형 마법사를 찾아라
10 유클리드, 플라톤의 진리를 찾아 도형 왕국을 구하라
11 입체도형으로 수학왕이 된 앨리스

〈측정〉
12 쉿! 신데렐라는 시계를 못 본대

13 알쏭달쏭 알라딘은 단위가 헷갈려
14 아르키는 어림하기로 걸리버 아저씨를 구했어
15 원주율로 떠나는 오디세우스의 수학 모험

〈규칙성〉
16 떡장수 할머니와 호랑이는 구구단을 몰라
17 페르마, 수리수리 규칙을 찾아라
18 피보나치, 수를 배열해 비밀의 방을 탈출하라
19 비례배분으로 보물섬을 발견한 해적 실버

〈자료와 가능성〉
20 아기 염소는 경우의 수로 늑대를 이겼어
21 파스칼은 통계 정리로 나쁜 왕을 혼내 줬어
22 로미오와 줄리엣이 첫눈에 반할 확률은?

〈문장제〉
23 개념 수학-백점 맞는 수학 문장제①
24 개념 수학-백점 맞는 수학 문장제②
25 개념 수학-백점 맞는 수학 문장제③

융합 수학
26 쌍둥이 건물 속 대칭축을 찾아라(건축)
27 열차와 배에서 배수와 약수를 찾아라(교통)
28 스포츠 속 황금 각도를 찾아라(스포츠)
29 옷과 음식에도 단위의 비밀이 있다고?(음식과 패션)
30 꽃잎의 개수에 담긴 수열의 비밀(자연)

창의 사고 수학
31 퍼즐탐정 셜렁홈즈①-외계인 스콜피오스의 음모
32 퍼즐탐정 셜렁홈즈②-315일간의 우주여행
33 퍼즐탐정 셜렁홈즈③-뒤죽박죽 백설 공주 구출 작전
34 퍼즐탐정 셜렁홈즈④-'지지리 마란드리' 방학 숙제 대작전
35 퍼즐탐정 셜렁홈즈⑤-수학자 '더하길 모테'와 한판 승부

36 퍼즐탐정 셜렁홈즈⑥-설국열차 기관사 '어려도 달리능기라'
37 퍼즐탐정 셜렁홈즈⑦-해설 및 정답

수학 개념 사전
38 수학 개념 사전①-수와 연산
39 수학 개념 사전②-도형
40 수학 개념 사전③-측정·규칙성·자료와 가능성

독후 활동지

본책 40권+독후 활동지 7권
정가 580,000원